# Inhalt

## Branchenreport MEDIZIN & PHARMA Ausgabe 2/2011

Kernthesen

Beitrag

Zahlen und Fakten

Weiterführende Literatur

Impressum

GENIOS BranchenWissen Nr. 11 vom 18.11.2011

# Branchenreport MEDIZIN & PHARMA Ausgabe 2/2011

*Anja Schneider*

## Kernthesen

- Das Wachstum der Pharmabranche durchschreitet einen Tiefpunkt. Der Weltpharmamarkt wächst um 5,4 Prozent. Anfang des Jahrzehnts legte er jährlich noch zweistellig zu.
- Die Hersteller bekämpfen den Umsatzeinbruch durch auslaufende Patente, indem sie ihr Produktprogramm um aussichtsreiche Märkte jenseits des angestammten Geschäfts (z.B. Diagnostik, Impfstoffe, Tiermedizin) ergänzen und Sparprogramme umsetzen.
- Die drei größten deutschen

Pharmahersteller sind Bayer, Boehringer Ingelheim und Merck KGaA. International liegen sie jedoch nur im Mittelfeld. Hier haben Pfizer, Novartis und Sanofi die Nase vorn.

# Beitrag

## Pharmazeutische Industrie - Hoher F&E-Aufwand, doch nur wenige neue Arzneimittel

In Deutschland gab es 2010 laut Unternehmensregister 903 pharmazeutische Unternehmen und rund 400 Biotechnologie-Unternehmen, die insgesamt über 103 000 Mitarbeiter beschäftigten. Die Pharmaproduktion verzeichnete im letzten Jahr einen leichten Anstieg gegenüber 2009 von 1,6 Prozent auf 26,9 Milliarden Euro. Das Exportvolumen summierte sich auf 51,1 Milliarden Euro, ein Plus von acht Prozent. Dabei waren die Hauptabnehmer deutscher Pharmazeutika Belgien mit rund 10,5 Milliarden Euro, Niederlande mit 6,6 Milliarden Euro und die USA mit rund fünf Milliarden Euro. Weltweit Spitze bleibt die deutsche Pharmaindustrie in der Forschung und Entwicklung.

Sie hat in Deutschland im Jahr 2010 nach Angaben des Bundesverbands der Pharmazeutischen Industrie e.V. (BPI) insgesamt rund 5,5 Milliarden Euro in Forschung und Entwicklung (F&E) investiert. Damit lagen die Investitionen leicht über dem Niveau des Vorjahres (5,4 Milliarden Euro). Während Deutschland bei den Forschungsinvestitionen bis 1977 noch auf dem dritten Platz hinter den USA und Japan rangierte, war es zwischenzeitlich auf den fünften Platz abgerutscht und von Großbritannien und Frankreich überholt worden. Seit 2007 jedoch gilt Deutschland wieder als führender Standort für die klinische Forschung. Die F&E-Aufwendungen der Pharmaindustrie stellen damit rund 9,4 Prozent der gesamten F&E-Aufwendungen der deutschen Wirtschaft (58,4 Milliarden Euro) und liegen in absoluten Zahlen auf dem dritten Platz hinter der Automobilbranche und der Elektronikindustrie. Doch trotz gestiegener Entwicklungsaufwendungen sinkt die Zahl der neu eingeführten innovativen Arzneimittel - ein Trend, der nicht nur für die deutschen Pharmahersteller gilt, sondern weltweit. (7), (23)

## Die deutschen Hersteller kämpfen um neue Produkte

Die drei größten deutschen forschenden

Pharmahersteller sind Bayer, Boehringer Ingelheim und Merck KGaA. International schafft es nur Bayer unter die Top Ten. Insgesamt erwirtschafteten sie im Jahr 2010 einen Pharmaumsatz in Höhe von 35,8 Milliarden Euro, davon Bayer 17,0 Milliarden Euro, Boehringer Ingelheim 12,6 Milliarden Euro und Merck KGaA 6,2 Milliarden Euro.

**Bayer** ist der deutsche Marktführer im Pharmageschäft. Im Geschäftsjahr 2010 erzielte Bayer mit über 100 000 Beschäftigten weltweit einen Umsatz von 35 Milliarden Euro in seinen drei Geschäftsbereichen Health Care, Crop Science und Material Science. Die Gesundheitssparte steuerte 17 Milliarden Euro Umsatzerlöse bei. Einen Erfolg verbuchte Bayer jetzt bei seinem Thrombose-Medikament Xarelto, das als ein Schlüsselprodukt des Konzerns gilt. Die US-Gesundheitsbehörde FDA gab Anfang November grünes Licht für den Verkauf der Tablette zum Schutz vor Schlaganfällen bei Patienten mit Vorhofflimmern, einer typischen Form von Herzrhythmusstörungen. Nun hofft Bayer auch in Europa auf Zulassung. Wenn Xarelto für diverse Therapiebereiche eine Zulassung in den USA und Europa erhält, kann es Bayer mehr als zwei Milliarden Euro Umsatz pro Jahr bringen. (1)

**Boehringer Ingelheim** ist in der deutschen Pharmabranche der zweitgrößte forschende Hersteller. Der Unternehmensverband Boehringer

Ingelheim zählt weltweit zu den zwanzig führenden Pharmakonzernen, ist mit 145 verbundenen Unternehmen in 50 Ländern vertreten und beschäftigt insgesamt mehr als 42 000 Mitarbeiter. Boehringer erzielte weltweit 2010 einen Umsatz von 12,6 Milliarden Euro, in Deutschland waren es knapp 1,2 Milliarden Euro. Das Unternehmen wurde 1885 gegründet und ist nach wie vor ein Familienunternehmen. Die Schwerpunkte liegen in der Forschung, Entwicklung, Produktion sowie im Marketing neuer Produkte für die Humanmedizin und die Tiergesundheit. Doch gleich mit zwei wichtigen neuen Medikamenten aus seinen Forschungs- und Entwicklungslabors hat Boehringer derzeit erhebliche Probleme: Das orale Diabetesmittel Trajenta wird zunächst das komplette Nutzenbewertungsverfahren gemäß dem Arzneimittelmarkt-Neuordnungsgesetz (AMNOG) durchlaufen. Das Mittel werde solange nicht im deutschen Markt eingeführt, bis für das Unternehmen absehbar ist, wie das Ergebnis der AMNOG-Nutzenbewertung ausfallen wird und ob ein Preis verlangt werden darf, der dem innovativen Charakter von Trajenta gerecht wird. Und der Erfolg des Schlaganfallmittels Pradaxa - Konkurrenzprodukt zu Xarelto - wird durch rund fünfzig Todesfälle weltweit getrübt. (11), (12)

**Merck KGaA**, das familienorientierte Darmstädter

Traditionsunternehmen, ist die Nummer drei der deutschen Pharmahersteller. Der Mischkonzern macht 70 Prozent seines Umsatzes mit Pharma und 30 Prozent mit Chemie (Flüssigkristalle). Der Konzern erzielte 2010 mit weltweit rund 40 000 Mitarbeitern in 67 Ländern insgesamt 9,3 Milliarden Euro Umsatz, davon 6,2 Milliarden Euro im Pharmageschäft. Merck ist das älteste pharmazeutisch-chemische Unternehmen der Welt; seine Wurzeln reichen bis in das Jahr 1668 zurück. Die einstige US-Tochtergesellschaft Merck & Co. ist seit 1917 ein von der Merck-Gruppe vollständig unabhängiges Unternehmen. Momentan schwächelt das Pharmageschäft. Zwar sorgen langjährige Medikamente wie beispielsweise Erbitux (Darmkrebs), Gonal-f (künstliche Befruchtung) oder Rebif (multiple Sklerose) für konstante Umsätze und Gewinne, doch es mangelt an Innovationen. Seit mehr als zwei Jahrzehnten ist in den Labors von Merck kein neues, großes Medikament mehr entstanden. Die Übernahme des Schweizer Pharmakonzerns Serono im Jahre 2006 erfüllte die Erwartungen nicht. Die angestrebte Zulassung von Erbitux auch gegen Lungenkrebs wurde von der europäischen Zulassungsbehörde verweigert. Das hochgehandelte Multiple-Sklerose-Medikament Cladribin scheiterte ebenfalls. Nun soll eine neue Führungsmannschaft das Unternehmen wieder in Schwung bringen. (13)

## International: Die Zeit der wegfallenden Patente für Blockbuster-Medikamente ist gekommen

Die Top 5-Pharmahersteller der Welt (nach Pharmaumsatz 2010 in Milliarden US-Dollar) sind Pfizer + Wyeth (USA, 58,5 Milliarden US-Dollar, Novartis (CH, 42 Milliarden US-Dollar), Sanofi (F, 40,4 Milliarden US-Dollar), Merck & Co. (USA, 39,8 Milliarden US-Dollar) und Glaxo Smith Kline (GB, 36,2Milliarden US-Dollar). (2)

Im internationalen Pharmageschäft wird es jetzt ernst mit dem erwarteten und angekündigten Umsatzeinbruch durch den Wegfall der Patente für viele umsatzstarke Arzneimittel. Branchenexperten schätzen, dass bis 2015 Medikamente mit einem Jahresumsatz von 150 Milliarden Dollar durch günstige Nachahmerprodukte (Generika) bedroht werden. Für rund zwanzig Arzneimittel, die als Blockbuster die Umsatzgrenze von einer Milliarde Dollar geknackt hatten, ist es schon 2011 soweit. Die prominentesten Beispiele sind der Cholesterinsenker Lipitor vom Weltmarktführer Pfizer (für Lipitor läuft am 30. November 2011 in den USA der Patentschutz aus) und der Blutverdünner Plavix von Bristol-Myers Squibb und Sanofi-Aventis. Zwar ist der

Forschungsaufwand der Unternehmen nach wie vor hoch, doch neue Medikamente mit echten Innovationen sind selten geworden. Die Arzneimittelzulassungsbehörden der USA und Europas sind bei der Zulassung neuer Wirkstoffe strenger geworden und haben ein wachsameres Auge auf unerwünschte Nebenwirkungen. Der Kostendruck hat sich für alle verstärkt, die Preise können von den Pharmaherstellern nicht mehr beliebig diktiert werden. Die Pharmakonzerne verdienen zwar nach wie vor gut, doch die Börsenbewertungen sinken, die Margen stehen unter Druck, und der vor Jahren eingeschlagene Sparkurs bleibt weitgehend erhalten. (3). (4), (5)

Der Umsatz mit Arzneimitteln lag 2010 weltweit mit insgesamt 861 Milliarden US-Dollar, also etwa 634 Milliarden Euro, rund 5,4 Prozent über dem Vorjahresniveau. Anfang des Jahrzehnts legte der Weltpharmamarkt jährlich noch zweistellig zu. (7)

## Wichtige Segmente der Medizin- und Pharmabranche im Einzelnen

### Ärzte - Ärztemangel auf dem Land und steigende Frauenquote

In Deutschland gibt es rund 320 000 berufstätige Ärzte und Ärztinnen. Die Kassenärztliche

Bundesvereinigung weist vehement darauf hin, dass ein Ärztemangel drohe. Immer weniger Mediziner seien bereit, sich als Vertragsarzt, vor allem in ländlichen Gebieten, niederzulassen. Nach Daten der Krankenkassen stehen bereits heute rund 800 Arztsitze bundesweit auf dem flachen Land leer, Tendenz steigend. Die Gründe hierfür seien beispielsweise die Budgetierung, die zunehmende Bürokratisierung und eine schwache Infrastruktur auf dem Land. Durch einen Mangel an Ärzten sei die flächendeckende Rund-um-die-Uhr-Versorgung in Gefahr. (14)

Weitere Trends sind, dass es immer weniger Hausärzte gibt und dass der Frauenanteil sowohl bei den niedergelassenen Ärzten als auch bei den Studierenden steigt. Die Arbeit an einem Medizinischen Versorgungszentrum (MVZ) erscheint den Ärzten attraktiver als die Übernahme einer Landarztpraxis. Jedenfalls wächst das Interesse der Mediziner an ambulanten Versorgungszentren und größeren Arztnetzwerken. Medizinische Versorgungszentren (MVZ) sollen durch die strukturierte Zusammenarbeit mehrerer ärztlicher Fachgebiete eine patientenorientierte Versorgung aus einer Hand ermöglichen. Eingeführt wurden sie mit dem Gesundheitsmodernisierungsgesetz im Jahr 2004. Die Zahl der MVZ ist weiter gestiegen. Inzwischen gibt es bundesweit insgesamt 1 654 MVZ (Stand 4.

Quartal 2010). Ende 2006 waren es noch 666. In den MVZ arbeiten nach Angaben der Kassenärztlichen Bundesvereinigung insgesamt 8 610 Ärzte, vor allem Hausärzte, Internisten und Chirurgen. 7 278 davon sind als Angestellte beschäftigt. Die Modelle gelten als Versorgungsform der Zukunft. Mittlerweile befinden sich 36,7 Prozent der MVZ in der Trägerschaft von Krankenhäusern, 43,4 Prozent sind in der Trägerschaft von Vertragsärzten (Rest: Sonstige). (6)

**Arzneimittel - Frühe Nutzenbewertung schreckt Arzneimittelhersteller**

Steigende Arzneimittelausgaben sind ein deutsches Dauerthema. Die größten Kostenblöcke der Gesetzlichen Krankenversicherung (GKV) sind die Krankenhausbehandlung (33,32 Prozent), die Arzneimittel (17,3 Prozent) und die ärztliche Behandlung (15,52 Prozent). [Abb. 1]

Als Kostentreiber - wenngleich sinnvoll - gelten präventive Medikamente gegen schwerwiegende Erkrankungen wie Herzinfarkt oder Knochenschwund sowie meist sehr teure Präparate gegen Krebs, Aids und andere schwere Erkrankungen. Mit der Gesundheitsreform 2011 und dem Gesetz zur Neuordnung des Arzneimittelmarktes (AMNOG) wurden weitere Sparmaßnahmen im deutschen Gesundheitssystem auf den Weg gebracht. Die

Pharmahersteller dürfen den Preis für ein neues Medikament nur noch im ersten Jahr nach Markteinführung frei bestimmen, parallel muss das Produkt eine Nutzenbewertung durchlaufen und dann wird der künftige Preis bzw. Erstattungsbetrag zwischen Hersteller und GKV ausgehandelt. Besondere Brisanz erhält die Lage dadurch, dass Deutschland bei Arzneipreisen Referenzmarkt für rund achtzig andere Länder ist. Wenn ein Hersteller also hier seine Preisvorstellungen für neue Medikamente nicht durchsetzen kann, zieht das unaufhaltsam Umsatzeinbußen jenseits des deutschen Marktes nach sich. Prompt statuierten die Pharmahersteller erste Exempel: Das Gesetz zeigt Wirkung: Novartis nahm die erst im April zugelassene Blutdrucksenker-Kombination Rasilambo (Handelsnamen Aliskiren und Amlodipin) Ende August vom Markt. Merckle beantragte für den Cholesterinsenker Pitavastatin (Handelsname Livazo) von sich aus die Aufnahme in eine Festbetragsgruppe. Boehringer Ingelheim und Lilly stellen das Antidiabetikum Linagliptin (Handelsname Trajenta) den Patienten in Deutschland zunächst nicht zur Verfügung, obwohl es nach der Zulassung in den USA im Mai und in Japan im Juli am 25. August auch die europäische Zulassung erhalten hatte. (15), (11)

Der Internet-Handel mit illegalen, gefälschten und teils gesundheitsschädlichen Arzneimitteln boomt.

Die Weltgesundheitsorganisation (WHO) schätzt, dass schon jedes zweite im Internet gekaufte Medikament eine Fälschung ist und geht insgesamt von einem jährlichen finanziellen Schaden von 75 Milliarden Dollar für die Pharmaindustrie aus. Deutsche Patienten, die ihre Präparate über den legalen etablierten Vertriebsweg beziehen, also in der Regel über den Pharmahersteller an den Großhändler weiter an die Apotheke, können beruhigt sein. Er gilt als weitgehend sicher. (16)

## OTC-Markt - Versandhandel wächst

Immer mehr Deutsche gehen nicht gleich zum Arzt, wenn sie sich krank fühlen, sondern kaufen selbstverantwortlich rezeptfreie Medikamente in der Apotheke, im Drogeriemarkt, Verbrauchermarkt, beim Lebensmitteleinzelhändler oder Discounter. Laut einer Untersuchung des Instituts für Demoskopie Allensbach tun dies bereits 67 Prozent der Befragten. Besonders gefragt sind dabei Schmerzmittel, Mittel gegen Erkältungen, zur Wundversorgung (Pflaster, Heilsalben), Mineralstoffe (Magnesium, Calcium) und Halsschmerzmittel. Nach Analysen des Branchendienstes IMS Health stagniert in Deutschland der freiverkäufliche OTC-Markt seit zwei Jahren bei rund 6,8 Milliarden Euro. Doch zwei Trends sind erkennbar: Zum einen setzen Konsumgüterkonzerne darauf, dass Produkte mit einem Gesundheitsnutzen vom gestiegenen

Gesundheitsbewusstsein der Bevölkerung profitieren und sich gut verkaufen lassen. Vor diesem Hintergrund gründete Nestlé ihre Sparte Health Science, in der alle Gesundheitsaktivitäten gebündelt wurden Beiersdorf-Tochter Tesa will ab 2012 pharmazeutische Pflaster und Folien anbieten. Der US-Konzern Procter & Gamble (P&G), bereits mit Gesundheitsprodukten wie Wick, Blend-a-Med und Oral-b etabliert, und der israelische Generika-Marktführer Teva haben ein Joint-Venture für freiverkäufliche Markenmedikamente abgeschlossen. Zum anderen setzt sich die Verlagerung von der Apotheke zum Versandhandel fort. 2010 ist der Versandhandel mit rezeptfreien Arzneimitteln und Gesundheitsprodukten um 7,9 Prozent nach Umsatz gewachsen und hat damit einen Anteil von rund zehn Prozent im OTC-Markt (Over-the-counter) eingenommen. Zwar verkaufen die Apotheken immer mehr Gesundheitsprodukte und profitieren von deren vergleichsweise hohen Preisen, doch 80 Prozent ihres Umsatzes realisieren die Apotheken nach wie vor mit apothekenpflichtigen Medikamenten. [Abb. 2], (7), (17), (18)

## Alternative Medizin - Immer mehr setzen auf Naturheilmittel

Zunehmend mehr Patienten verlassen sich nicht mehr ausschließlich auf die klassische Schulmedizin. Sie suchen alternative Wege, sei es dass sie in der

Schulmedizin als austherapiert gelten trotz anhaltender Beschwerden oder dass sie von vornherein auf ein sowohl als auch setzen und beides in Anspruch nehmen. Das Spektrum der alternativen Medizin und ihrer Methoden ist weit: Homöopathie, Osteopathie, Rolfing, Psychosomatische Energetik, Traditionelle Chinesische Medizin (TCM) und vieles andere mehr. Die meisten Leistungen müssen die Patienten aus eigener Kasse bezahlen, die privaten Kassen zeigen sich großzügiger. Doch auch bei den gesetzlichen Krankenkassen kommt Bewegung ins Angebot. Vereinzelt übernehmen sie bereits Homöopathie-Sitzungen (oder sogar den Yoga-Kurs!). Allein in Deutschland gibt es etwa 60 000 Ärzte, die homöopathische und auch anthroposophische Arzneimittel regelmäßig verordnen, so der der Bundesverband der Pharmazeutischen Industrie (BPI). Die Entwicklung der Arzneimittelsegmente nach Zusatzklassen des BPI zeigt bei der Umsatzbetrachtung in 2010 im Vergleich zum Vorjahr Zuwächse bei den Anthroposophika und den Phytopharmaka, Verluste bei der Homöopathie. [Abb. 3]

In Deutschland produzieren über hundert pharmazeutische Unternehmen anthroposophische und homöopathische Arzneimittel. Diese Unternehmen stellen einen bedeutenden Wirtschaftsfaktor dar, der kontinuierlich an

Bedeutung gewinnt. Viele dieser Unternehmen operieren weltweit und sind auch in der Arzneimittelforschung tätig. Zu den führenden Herstellern in Deutschland zählen die Deutsche Homöopathie-Union (DHU) in Karlsruhe (100 Millionen Euro Umsatz, 500 Mitarbeiter) und die Firma Heel in Baden-Baden (184 Millionen Euro Umsatz, 160 Mitarbeiter). Als weltweit führender Hersteller von anthroposophischen Arzneimitteln und ganzheitlicher Naturkosmetik auf der Grundlage des Anthroposophen Dr. Rudolf Steiner präsentiert sich der Schweizer Anbieter Weleda (385 Millionen Schweizer Franken Umsatz, 2 000 Mitarbeiter). (19)

## Medizintechnik - Exporte nach China und Russland legen deutlich zu

Im Jahr 2010 lag der Gesamtumsatz der deutschen Medizintechnikindustrie mit rund 20 Milliarden Euro um 9,4 Prozent über dem Ergebnis des Vorjahres. Der Inlandsumsatz lag mit 7,2 Milliarden Euro um rund fünf Prozent über dem Vorjahresergebnis. Krankenhäuser müssten wieder investitionsfreudiger werden. Dann würde die Medizintechnikbranche auch im Inland noch mehr Schwung erhalten. Im vergangenen Jahr lief das Auslandsgeschäft sehr gut; der Auslandsumsatz kletterte um zwölf Prozent auf 12,8 Milliarden Euro. Auf dem Weltmarkt gelten die deutschen Hersteller als Innovationsführer. Die Exportquote liegt bei 64 Prozent. Die wichtigsten

Abnehmer sind innerhalb der Europäischen Union, doch andere Handelspartner legen deutlich zu. So stiegen die Exporte in die USA um 14 Prozent, nach China um 34 Prozent und nach Russland um 40 Prozent. Asien ist auf dem Vormarsch: 2010 legten die Exporte um ein Viertel zu; damit gingen bereits 17 Prozent aller Medizintechnik-Exporte in diese Region. China fördert den Aufbau der heimischen Medizintechnik-Industrie. Die kleineren und mittleren deutschen Medizintechnikhersteller wissen, dass sie sich etwas einfallen lassen müssen, um am künftigen Wachstum in Ländern wie China, Indien, Mexiko oder Brasilien teilzuhaben. Sie bauen eigene Produktionsstätten, Dienstleistungs- und Vertriebsstandorte auf und schließen Vertriebskooperationen ab. Für das laufende Jahr rechnet der Branchenverband SPECTARIS mit einem Wachstum in Höhe von rund acht Prozent. (8)

Insgesamt sind in der deutschen Medizintechnik rund 1 150 Hersteller tätig. Sie beschäftigen rund 89 200 Mitarbeiter. Die größten medizintechnischen Anbieter in Deutschland sind Siemens Health Care (12,40 Milliarden Euro Umsatz 2010), Fresenius Medical Care (8,60 Milliarden Euro), B. Braun Melsungen (4,40 Milliarden Euro) und Roche Diagnostics (3,10 Milliarden Euro). Kleinere Anbieter sind Paul Hartmann, die Drägerwerke, Karl Storz, Otto Bock und Carl Zeiss Meditec. (9)

Weltweit sind in der Branche etwa 60 000 Unternehmen aktiv, viele davon höchst innovativ in ihren Marktnischen. Die Top 3-Anbieter der Welt sind Johnson&Johnson (USA), General Electric (USA) und Siemens (Deutschland). [Abb. 4]

Die Medizintechnikbranche ist eine Wachstumsbranche. Das zukünftige jährliche Branchenwachstum in den Industrieländern wird auf drei bis vier Prozent geschätzt. In den Schwellenländern wird mit wachsendem Wohlstand die medizintechnische Infrastruktur zur Versorgung der Bevölkerung in den kommenden Jahren aufgebaut werden. Hier wird die Nachfrage nach Medizintechnik bis zum Jahr 2020 im Schnitt jährlich zwischen neun und sechzehn Prozent zulegen, so heißt es in einer Studie des Hamburgischen Weltwirtschaftsinstituts (HWWI). (20)

# Trends

## Schwellenländer lassen auf mehr Umsatz hoffen

Der wachsende Wohlstand in Brasilien, China, Indien, Indonesien, Mexiko, Russland und der Türkei lässt deren Bedeutung für die Pharmaindustrie steigen. Sie haben aktuell zwar erst einen Anteil von zwölf Prozent am Weltpharmamarkt, sollen in den nächsten vier Jahren aber um 13 bis 16 Prozent wachsen, China sogar weiterhin mit einer Rate von 20 Prozent. Im Jahr 2020 wird voraussichtlich ein Fünftel des weltweiten Pharmaumsatzes in den Schwellenländern erwirtschaftet. China wäre dann der zweit- oder drittgrößte Markt der Welt, während die Türkei und Indien zu den zehn bedeutendsten Pharmamärkten gehören würden. (21)

### Vom Pillenproduzent zum Lösungsanbieter

Branchenexperten erwarten und empfehlen eine Weiterentwicklung der Pharmahersteller, die weg führt vom reinen Pillenproduzenten und -verkäufer von Blockbuster-Produkten hin zu einem Lösungsanbieter, der auf die gesamte Gesundheit seiner Patienten konzentriert ist und die modernen Tools der Informations- und Kommunikationstechnologie voll einsetzt. (22)

## Zahlen & Fakten

Abbildung 1: Im Krankenhaus wird es teuer für die Gesetzliche Krankenversicherung

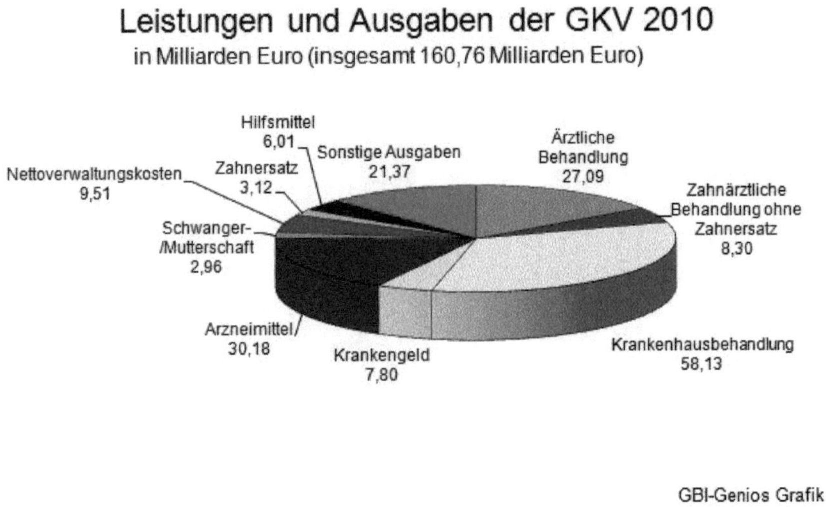


Quelle: BPI

Entnommen aus: Bundesverband der Pharmazeutischen Industrie (BPI), Pharma-Daten 2011, S. 54 (7)

Abbildung 2: Apothekenpflicht sorgt für Umsatz

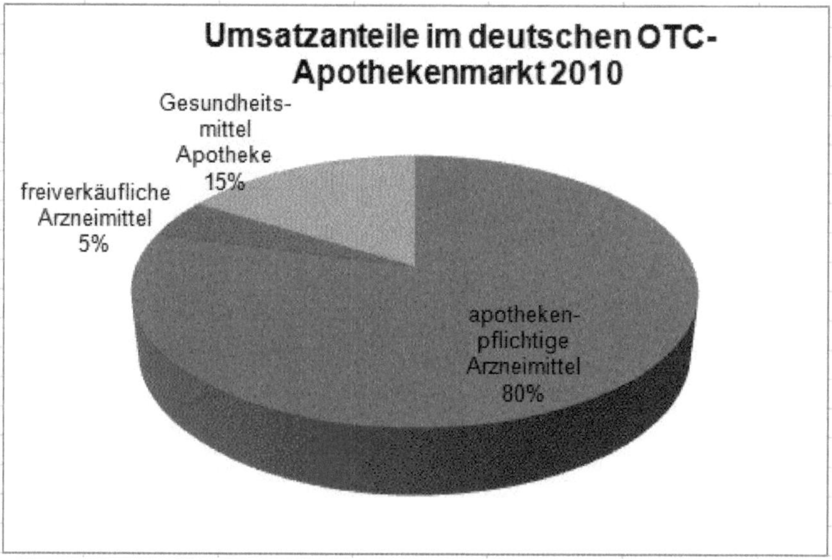


Quelle: IMS Health, BPI

Entnommen aus: Bundesverband der Pharmazeutischen Industrie (BPI), Pharma-Daten 2011, S. 68 (7)

Abbildung 3: Anthroposophika und Phytopharmaka legen zu

| | **Umsatz 2010 in Millionen Euro** | **Veränderung in Prozent** |
|---|---|---|
| Gesamt | 25.613,4 | 3,8 |
| Arzneimittel human | 19.177,5 | 2,7 |
| Biopharmazeutika | 3.915,8 | 12,4 |

| Phytopharmaka | 793,0 | 2,8 |
|---|---|---|
| Übrige * | 778,8 | -3,3 |
| Diagnostika | 646,3 | 2,3 |
| Homöopathie | 252,8 | -2,2 |
| Anthroposophie | 49,3 | 4,6 |

* Körper- und Zahnpflegemittel, Injektionszubehör, Desinfektionsmittel, Randsortiment, Drogen, Medizinprodukte, Chemikalien, Tierarzneimittel, Nahrungsergänzungsmittel, Diätetika

Quelle: Insight Health, 2010

Entnommen aus: Bundesverband der Pharmazeutischen Industrie (BPI), Pharma-Daten 2011, S. 63 (7)

Abbildung 4: Top 10 Hersteller von Medizintechnik

| Rang | Unternehmen | Land | Umsatz 2010 in Milliarden Dollar | Veränderung in Prozent |
|---|---|---|---|---|
| 1 | Johnson & Johnson ** | USA | 24,6 | 9,3 |
| 2 | GE ** | USA | 16,9 | 5,5 |
| 3 | Siemens | Deutschland | 16,4 | -1,5 |
| 4 | Medtronic | USA | 15,8 | 8,3 |

| 5 | Philips | Niederland | 11,4 | 4,3 |
|---|---|---|---|---|
| 6 | Roche | Schweiz | 10,0 | 7,7 |
| 7 | Covidien | Großbritannien | 8,4 | 8,0 |
| 8 | Abbott | USA | 8,3 | 10,7 |
| 9 | Boston Scientific | USA | 7,8 | -4,7 |
| 10 | Becton Dickinson | USA | 7,4 | 5,5 |

** US-Anteile am Gesamtumsatz

Quelle: Unternehmensangaben

Entnommen aus: Handelsblatt, 29.06.2011, S. 38 (10)

## Weiterführende Literatur


(1) Bayer-Medikament gegen Schlaganfälle genehmigt
aus Handelsblatt online vom 04.11.2011

(2) International: Größte Pharmaunternehmen nach Umsatz 2010
aus Handelsblatt, 08.02.2011, S. 20

(3) Ade, Lipitor
aus Neue Zürcher Zeitung 02.11.2011, Nr. 256, S. 29

(4) FOKUS/Auslaufende Patente stellen Pharmakonzerne vor Probleme

aus AWP Finanznachrichten Nr. 357 vom 21.10.2011

(5) Pharmabranche strafft Forschung
aus AWP Finanznachrichten Nr. 357 vom 21.10.2011

(6) Medizinische Versorgungszentren. Aktueller Entwicklungsstand.
aus AWP Finanznachrichten Nr. 357 vom 21.10.2011

(7) Pharma-Daten 2011
aus AWP Finanznachrichten Nr. 357 vom 21.10.2011

(8) Medizintechnik-Industrie legt um neun Prozent zu. Weiteres Wachstum auch 2011 erwartet - Aber: Fachkräftemangel wird zunehmend zum Problem
aus AWP Finanznachrichten Nr. 357 vom 21.10.2011

(9) D: Kennzahlen der medizintechnischen Unternehmen und Einkommen in der Medizintechnik 2004-2011
aus Frankfurter Allgemeine Zeitung, 21.04.2011, S. 19

(10) International: Top Medizintechnik-Hersteller 2010
aus Handelsblatt, 29.06.2011, S. 38

(11) Deutschlands Pharma Top 3 - Bayer, Boehringer Ingelheim und Merck ringen um neue Medikamente
aus GENIOS BranchenWissen Nr. 09 vom 20.09.2011

(12) Hunderte Tote durch Arznei Pradaxa? // Bericht: Medikament löst innere Blutungen aus
aus Der Tagesspiegel Nr. 21155 VOM 13.11.2011 SEITE

032

(13) Kehraus und Neuanfang
aus WirtschaftsWoche NR. 037 vom 12.09.2011 Seite 060

(14) Ärztemangel - Neue Ärzte braucht das Land
aus GENIOS BranchenWissen Nr. 06 vom 24.06.2011

(15) Frühe Nutzenbewertung von Arzneimittelinnovationen: Die Guten ins Töpfchen ...
aus Deutsches Ärzteblatt 45/108 vom 11.11.11 Seite 2371

(16) Arzneimittelfälschungen - Onlinehandel boomt, Apotheke vor Ort gilt als sicher
aus GENIOS BranchenWissen Nr. 10 vom 20.10.2011

(17) Gesundheit für Milliarden
aus HORIZONT 17 vom 28.04.2011 Seite 004

(18) Tesa: Einstieg in den Pharmamarkt
aus CHEManager 7-8/2011

(19) Integrative Medizin - Schulmedizin plus Alternative Medizin liegen im Trend
aus GENIOS BranchenWissen Nr. 08 vom 19.08.2011

(20) Medizintechnik - Deutscher Mittelstand partizipiert am Wachstum in den Schwellenländern
aus GENIOS BranchenWissen Nr. 04/2011 vom 27.04.2011

(21) Aufstrebende Pharmamärkte - wie sie den

globalen Pharmamarkt verändern
aus GENIOS BranchenWissen Nr. 06/2010 vom 11.06.2010

(22) "Pharma entwickelt sich zum Lösungsanbieter"
aus pharma marketing journal Nr. 05 vom 17.10.2011 Seite 006

(23) Pharma-Daten 2011 Kompakt
aus pharma marketing journal Nr. 05 vom 17.10.2011 Seite 006

# Impressum

## Branchenreport MEDIZIN & PHARMA Ausgabe 2/2011

### Bibliografische Information der deutschen Nationalbibliothek

Die Deutsche Nationalbibliothek verzeichnet diese Publikation in der deutschen Nationalbibliografie; detaillierte bibliografische Daten sind im Internet über http://dnb.d-nb.de abrufbar.

ISBN: 978-3-7379-1914-2

oder ähnliche Einrichtungen und die Einspeicherung und Verarbeitung in elektronischen Systemen.